1755
850

- poohy

THE ALEXANDRINE PLAN

C·I·A·R·A·N
THE ALEXANDRINE PLAN
C·A·R·S·O·N

WAKE FOREST
UNIVERSITY
PRESS

Contents

for Paul Muldoon

PART ONE

RIMBAUD

Au Cabaret-Vert

Cinq heures du soir

Depuis huit jours, j'avais déchiré mes bottines
Aux cailloux des chemins. J'entrais à Charleroi.
— Au Cabaret-Vert: je demandai des tartines
De beurre et du jambon qui fût à moitié froid.

Bienheureux, j'allongeai les jambes sous la table
Verte: je contemplai les sujets très naïfs
De la tapisserie. — Et ce fut adorable,
Quand la fille aux tétons énormes, aux yeux vifs,

— Celle-là, ce n'est pas un baiser qui l'épeure! —
Rieuse, m'apporta des tartines de beurre,
Du jambon tiède, dans un plat colorié,

Du jambon rose et blanc parfumé d'une gousse
D'ail, — et m'emplit la chope immense, avec sa mousse
Que dorait un rayon de soleil arriéré.

Octobre 70

The Green Bar

I'd ripped my boots to pieces on the pebbly roads
Since Monday was a week. I walked into Kingstown.
Found myself in the old Green Bar. I ordered loads
Of cool ham, bread and butter. It was nearly sundown.

Pleased as Punch, I stretched my legs beneath the shamrock
Table. I admired the tacky '50s décor.
Then this vacant waitress in a tit-enhancing frock
Came on and wiggled up to me, her eyes galore

With hints of smoochy kisses and her gorgeous platter
Of green gherkins, slabs of ham and bread and butter,
Rosy, garlic-scented ham; and then she filled my beer mug

With a bright smile, and turned herself into a ray
Of sunshine, like an unexpected Lady Day.
I guzzled it all into me. *Glug. Glug. Glug. Glug.*

Le Dormeur du val

C'est un trou de verdure où chante une rivière
Accrochant follement aux herbes des haillons
D'argent; où le soleil, de la montagne fière,
Luit: c'est un petit val qui mousse de rayons.

Un soldat jeune, bouche ouverte, tête nue,
Et la nuque baignant dans le frais cresson bleu,
Dort; il est étendu dans l'herbe, sous la nue,
Pâle dans son lit vert où la lumière pleut.

Les pieds dans les glaïeuls, il dort. Souriant comme
Sourirait un enfant malade, il fait un somme:
Nature, berce-le chaudement: il a froid.

Les parfums ne font pas frissonner sa narine;
Il dort dans le soleil, la main sur sa poitrine
Tranquille. Il a deux trous rouges au côté droit.

Octobre 70

Valley Sleeper

It's a verdant hollow where a river sings
Madly snagging grasses' silver tatters.
Where the sun from a haughty mountain
beams. Its a little valley bubbling with rays.

A young soldier, mouth open, head bare,
Nape of neck bathing in cool blue watercress,
Sleeps. He's stretched out on grass under clouds
Pale on his green bed where light rains down.

With his feet in gladiolas — he sleeps. Smiling
The way a sick child might smile, taking a nap.
Nature, cradle him warmly — he's cold inside!

Floating perfumes don't make his nostrils quiver.
He sleeps in the sun, hand flopped on his chest.
Peaceful. He has two red holes in his right side.

Arthur Rimbaud
(trans. Daniel Abdal-Hayy Moore)

The Sleeper in the Valley

It's a greeny dip where a crazy guggling rill
Makes silver tatters of itself among the grass;
Where the sun pours down from the wild high mountain-sill;
It foams with light like bubbles in a champagne glass.

A soldier sleeps there, tousle-headed, mouth agape,
The nape of his neck drenched in cool blue watercress;
He's sprawled on the grass beneath a seething cloudscape,
Pale in the dew which oozes like juice from a wine-press.

His boots among the lilies, he lies sleeping, smiling
The smile of a sick child, cradle-head reclining.
Nature, rock him in your bosom warmly: he is cold.

No mortal smell assails his nostrils now; he's fast
Asleep, left hand on his heart. He's found peace at last.
Come closer: there, in his right side, are two red holes.

L'Éclatante Victoire de Sarrebrück

remportée aux cris de Vive l'Empereur!

> *(Gravure belge brillamment coloriée,*
> *se vend à Charleroi, 35 centimes)*

Au milieu, l'Empereur, dans une apothéose
Bleue et jaune, s'en va, raide, sur son dada
Flamboyant; très heureux, — car il voit tout en rose,
Féroce comme Zeus et doux comme un papa;

En bas, les bons Pioupious qui faisaient la sieste
Près des tambours dorés et des rouges canons,
Se lèvent gentiment. Pitou remet sa veste,
Et, tourné vers le Chef, s'étourdit de grands noms!

À droite, Dumanet, appuyé sur la crosse
De son chassepot, sent frémir sa nuque en brosse,
Et: 'Vive l'Empereur!' — Son voisin reste coi . . .

Un schako surgit, comme un soleil noir . . . — Au centre,
Boquillon rouge et bleu, très naïf, sur son ventre
Se dresse, et, — présentant ses derrières —: 'De quoi? . . . '

Octobre 70

Poster Advertising the Amazing Victory at Sarrebrück

In centre stage, the Emperor performs a pose
Of blue and gold, then rocks off on his hobby-hoss,
Happy, for he's just put on his spectacles of rose,
And feels as awesome as a bourgeois Thanatos.

Down in the pit, the squaddies, after siesta
Under the yellow drums and red poppy field guns,
Spring to their feet. One guy thinks it's a fiesta,
And buttons up his tunic, shouting, *Up the Huns!*

In the stalls, another half-wit rules Brittania
With his rifle, and demands that all Hispania
Be Napoleonized. His chum sniggers, *Heh, heh, heh . . .*

A bearskin shako rises like a pitch-black sun . . .
Here's Joe Bloggs, jaundiced, blue-jowled, not to be outdone,
His trousers round his ankles, roaring, *What the . . .*

Le Mal

Tandis que les crachats rouges de la mitraille
Sifflent tout le jour par l'infini du ciel bleu;
Qu'écarlates ou verts, près du Roi qui les raille,
Croulent les bataillons en masse dans le feu;

Tandis qu'une folie épouvantable broie
Et fait de cent milliers d'hommes un tas fumant;
— Pauvres morts! dans l'été, dans l'herbe, dans ta joie,
Nature! ô toi qui fis ces hommes saintement!...

— Il est un Dieu, qui rit aux nappes damassées
Des autels, à l'encens, aux grands calices d'or;
Qui dans le bercement des hosannah s'endort,

Et se réveille, quand des mères, ramassées
Dans l'angoisse, et pleurant sous leur vieux bonnet noir,
Lui donnent un gros sou lié dans leur mouchoir!

Sick

While crimson gobs of grape-shot spit and hiss throughout
The blue infinitude of day, the King has razed
His scarlet subjects with a smile of sauerkraut,
As whole green regiments collapse into the blaze;

While thousands are ground down into a smoking heap
Of summer madness, all you dead unlucky men!
— O Nature, you who sanctified their human shape,
And who conceived them in the joyful grass of Hymen! . . .

— All this while the God smiles on, placated by His
Chalices of gold, and altarcloths, and incense,
Lullabied by blue Hosannahs of the Past Tense;

Who's wakened up with a sudden jolt when Mrs
Nobody, grief-stricken, penniless and orthodox,
Drops a coin with a clunk into the votive box!

'Morts de Quatre-vingt-douze . . .'

'. . . Français de soixante-dix,
bonapartistes, républicains, souvenez-vous
de vos pères en 92, etc.'
— Paul de Cassagnac (*Le Pays*)

Morts de Quatre-vingt-douze et de Quatre-vingt-treize,
Qui, pâles du baiser fort de la liberté,
Calmes, sous vos sabots, brisiez le joug qui pèse
Sur l'âme et sur le front de toute humanité;

Hommes extasiés et grands dans la tourmente,
Vous dont les cœurs sautaient d'amour sous les haillons,
Ô soldats que la Mort a semés, noble Amante,
Pour les régénérer, dans tous les vieux sillons;

Vous dont le sang lavait toute grandeur salie,
Morts de Valmy, Morts de Fleurus, Morts d'Italie,
Ô million de Christs aux yeux sombres et doux;

Nous vous laissions dormir avec la République,
Nous, courbés sous les rois comme sous une trique.
— Messieurs de Cassagnac nous reparlent de vous!

Fait à Mazas, 3 septembre 1870

1870

You dead of '92 and '93, who, pale
And silent from the pungent kiss of liberty,
Broke with your wooden clogs the yoke which countervailed
The soul, the shining brow of all humanity;

Men made ecstatic and exalted by the cyclone,
You, whose hearts beat fast with love beneath your tatters,
Soldiers cast by Mistress Death into the Zone
Of Furrows, to become regenerated matter;

You whose blood washed clean the defiled palaces,
You dead of Valmy, and of Italy, and Fleurus,
O million sombre Christs whose eyes dreamed of the new;

We were about to leave you in your obsolete
Republic, we who are downtrodden by the feet
Of kings. — O men of the Republic, we need you!

Ma Bohème

(Fantaisie)

Je m'en allais, les poings dans mes poches crevées;
Mon paletot aussi devenait idéal;
J'allais sous le ciel, Muse! et j'étais ton féal;
Oh! là là! que d'amours splendides j'ai rêvées!

Mon unique culotte avait un large trou.
— Petit Poucet rêveur, j'égrenais dans ma course
Des rimes. Mon auberge était à la Grande-Ourse.
— Mes étoiles au ciel avaient un doux frou-frou.

Et je les écoutais, assis au bord des routes,
Ces bons soirs de septembre où je sentais des gouttes
De rosée à mon front, comme un vin de vigueur;

Où, rimant au milieu des ombres fantastiques,
Commes des lyres, je tirais les élastiques
De mes souliers blessés, un pied près de mon cœur!

On the Road

Thumbs hitched into my holey pockets, off I hiked
In my has-been-through-the-wars ex-Army greatcoat;
Under your blue skies, O muse, you took me on your bike;
I loved the way in which we spun in perfect rote.

My trousers had a hole as big as any arse,
And I became a dwarf who scatters rhymes along
The Milky Way. In the Great Bear, I sang my song,
As huge stars shivered in the rustling universe.

And I listened to their dew of blue September
Evenings fall on me, like Long Ago remembered
In the first sip of a cool green bubble-beaded wine;

I strummed the black elastic of my tattered boot
Held to my heart like youthful violin or lute,
A veritable pop-star of the awful rhyme.

La Maline

Dans la salle à manger brune, que parfumait
Une odeur de vernis et de fruits, à mon aise
Je ramassais un plat de je ne sais quel met
Belge, et je m'épatais dans mon immense chaise.

En mangeant, j'écoutais l'horloge, — heureux et coi.
La cuisine s'ouvrit avec une bouffée,
— Et la servante vint, je ne sais pas pourquoi,
Fichu moitié défait, malinement coiffée.

Et, tout en promenant son petit doigt tremblant
Sur sa joue, un velours de pêche rose et blanc,
En faisant, de sa lèvre enfantine, une moue,

Elle arrangeait les plats, près de moi, pour m'aiser;
— Puis, comme ça, — bien sûr, pour avoir un baiser, —
Tout bas: 'Sens donc: j'ai pris *une* froid sur la jour . . . '

Charleroi, Octobre 70

Miss Malinger

The big brown dining-room was odorous with fruit
And polish, as, contentedly, I forked a platter
Of some Belgian grub into me like a hungry brute,
Sprawling in my high chair like a baby satyr.

I ate on to the happy rhythm of the clock,
And then the kitchen door blew open and the servant
Girl blew in, from God knows where — she didn't knock —
Décolletée, her fancy hair-do all aslant.

She touched her trembling little pinky to her cheeks
Of velvet peach and cream: 'Forget about the leeks,'
She seemed to say, 'I'm like a walking centrefold.'

She stood right close to me, to make me feel at ease,
Tidying the plates; and then, looking for a squeeze,
Of course, breathes in my ear, 'Feel here, dis cheek's caught cold.'

Le Buffet

C'est un large buffet sculpté; le chêne sombre,
Très vieux, a pris cet air si bon des vieilles gens;
Le buffet est ouvert, et verse dans son ombre
Comme un flot de vin vieux, des parfums engageants;

Tout plein, c'est un fouillis de vieilles vieilleries,
De linges odorants et jaunes, de chiffons
De femmes ou d'enfants, de dentelles flétries,
De fichus de grand'mère où sont peints des griffons;

— C'est là qu'on trouverait les médaillons, les mèches
De cheveux blancs ou blonds, les portraits, les fleurs sèches
Dont le parfum se mêle à des parfums de fruits.

— Ô buffet du vieux temps, tu sais bien des histoires,
Et tu voudrais conter tes contes, et tu bruis
Quand s'ouvrent lentement tes grandes portes noires.

Octobre 70

The Whatnot

It's a big, broad, carved, antique sideboard in dark oak,
Contented as a venerable personage;
It's lying open now, and I can breathe its smoke
Of Shadowland, like sniffing in an ancient vintage;

Crammed to overflowing, full of jumbled doo-dahs,
Odorous yellow bits of kids' and women's wear,
Folded linen tablecloths, and my old grandma's
Headscarves, oozing blue perfumes of her locks of hair;

O ivory embroidery of cameo,
O pot-pourri of smells in nostril stereo,
Which dwell in lavender and wizened pomanders,

You old wardrobe, you! — You're locked into the story
Of our former selves, and all our odd meanders —
As your doors drift open in a calm furore.

PART TWO

BAUDELAIRE

'Je te donne ces vers...'

Je te donne ces vers afin que si mon nom
Aborde heureusement aux époques lointaines,
Et fait rêver un soir les cervelles humaines,
Vaisseau favorisé par un grand aquilon,

Ta mémoire, pareille aux fables incertaines,
Fatigue le lecteur ainsi qu'un tympanon,
Et par un fraternel et mystique chaînon
Reste comme pendue à mes rimes houtaines;

Être maudit à qui, de l'abîme profond
Jusqu'au plus haut du ciel, rien, hors moi, ne répond!
— Ô toi qui, comme une ombre à la trace éphémère,

Foules d'un pied léger et d'un regard serein
Les stupides mortels qui t'ont jugée amère,
Statue aux yeux de jais, grand ange au front d'airain!

To You

To you I dedicate these lines in case my name
Should, full-riggèd like a tall ship, make a landfall
In the distant future, where its proud sails will enthrall
Sophisticated watchers of the Wind of Fame;

Your memory will be a legend crooners drawl
Out over evenings, as they set it to a frame
Of panpipe music, that will counterclaim
The feeble rhymes on show in my poetic stall.

Cursed being, unbeloved by anyone but me,
O shadow in the glimmer of eternity,
Amaze these oxymorons with your steady gaze,

Walk over them who do not know your etiquette
Of creole insult, words I cannot paraphrase,
My great big bronze-browed angel with eyes of black jet.

Bohémiens en voyage

La tribu prophétique aux prunelles ardentes
Hier s'est mise en route, emportant ses petits
Sur son dos, ou livrant à leurs fiers appétits
Le trésor toujours prêt des mamelles pendantes.

Les hommes vont à pied sous leurs armes luisantes
Le long des chariots où les leurs sont blottis,
Promenant sur le ciel des yeux appesantis
Par le morne regret des chimères absentes.

Du fond de son réduit sablonneux, le grillon,
Les regardant passer, redouble sa chanson;
Cybèle, qui les aime, augmente ses verdures,

Fait couler le rocher et fleurir le désert
Devant ces voyageurs, pour lesquels est ouvert
L'empire familier des ténèbres futures.

Travellers

Yesterday they hit the road again, that augury
Of prognosticators, babies papoosed to their backs,
Or dangling from their paps as big as haversacks,
Snuggled in a thoughtful, sucking reverie.

Shotguns held aloft, these far-flung sons of Araby
Accompany the wagons like Jack Kerouacs
Who view the stars as campfires for their bivouacs
Of yesteryear, and all its future lullaby.

From the cool depth of his sandy nook, the cricket,
Watching their procession, punches out a ticket
Of redoubled song, innumerable green shoots

Of waterfalling noise that makes the desert flower
At these nomad stops or steps of arbitrary hour,
When what's to be and what has been are in cahoots.

Le Couvercle

En quelque lieu qu'il aille, ou sur mer ou sur terre,
Sous un climat de flamme ou sous un soleil blanc,
Serviteur de Jésus, courtisan de Cythère,
Mendiant ténébreux ou Crésus rutilant,

Citadin, campagnard, vagabond, sédentaire,
Que son petit cerveau soit actif ou soit lent,
Partout l'homme subit la terreur du mystère,
Et ne regarde en haut qu'avec un œil tremblant.

En haut, le Ciel! ce mur de caveau qui l'étouffe,
Plafond illuminé pour un opéra bouffe
Où chaque histrion foule un sol ensanglanté;

Terreur du libertin, espoir du fol ermite;
Le Ciel! couvercle noir de la grande marmite
Où bout l'imperceptible et vaste Humanité.

The Lid

Take anyone who goes on land, or sea, or foam,
In torrid zones, or under snowblind Arctic suns,
Courtesans of Jesus, queuers at the stately home
Of Cythera, the gloomy beggars, and the big guns,

Staid citizens, and countrymen, and rolling stones,
All those whose brains are quick or slow, the bastard sons
Of all of us, who sprawl our incognizant bones
Beneath the Universe, like Godforsaken nuns:

Above us is the sky, this roof of sepulchre,
This comic opera ceiling lit by smoky sulphur,
Where the actors slither on a blood-drenched stage,

Terror of free-thinkers, hope of crazy hermits,
Black sky, pot-lid under which we seethe like termites,
And the recipe's last words say, *Boil for an age.*

Le Mort joyeux

Dans une terre grasse et pleine d'escargots
Je veux creuser moi-même une fosse profonde,
Où je puisse à loisir étaler mes vieux os
Et dormir dans l'oubli comme un requin dans l'onde.

Je hais les testaments et je hais les tombeaux;
Plutôt que d'implorer une larme du monde,
Vivant, j'aimerais mieux inviter les corbeaux
À saigner tous les bouts de ma carcasse immonde.

Ô vers! noirs compagnons sans oreille et sans yeux,
Voyez venir à vous un mort libre et joyeux;
Philosophes viveurs, fils de la pourriture,

À travers ma ruine allez donc sans remords,
Et dites-moi s'il est encor quelque torture
Pour ce vieux corps sans âme et mort parmi les morts!

O *Happy Death*

In this muck, thick with crawling slugs, I'll dig a Deep
For me, in which my bones can stretch out in the dark,
At ease within a long oblivion of sleep,
Residing like an underwater dormant shark.

I hate testaments and graves. Such expensive upkeep
I can do without. I'd much prefer, while yet a spark
Remains in me, to let my suppurating heap
Be living meat for crows who utter cries of *quark*!

Accept, O worms — my *noir* compatriots, *sans* eyes, *sans* ears —
This dead free happy body of a sonneteer
As menu for your gourmet metamorphic tract;

Delve and seethe and eel into my ruined corpus;
Tell me all the tortures I must re-enact.
Then consult me under 'death' in your thesaurus.

À une passante

La rue assourdissante autour de moi hurlait.
Longue, mince, en grand deuil, douleur majestueuse,
Une femme passa, d'une main fasteuse
Soulevant, balançant le feston et l'ourlet;

Agile et noble, avec sa jambe de statue.
Moi, je buvais, crispé comme un extravagant,
Dans son œil, ciel livide où germe l'ouragan,
La douceur qui fascine et le plaisir qui tue.

Un éclair . . . puis la nuit! — Fugitive beauté
Dont le regard m'a fait soudainement renaître,
Ne te verrai-je plus que dans l'éternité?

Ailleurs, bien loin d'ici! trop tard! *jamais* peut-être!
Car j'ignore où tu fuis, tu ne sais où je vais,
Ô toi que j'eusse aimée, ô toi qui le savais!

Brief Encounter

Cacophonous traffic deafened me in the street.
She stepped out from nowhere, slim and tall, dressed in black,
Majestic in her grief, her aphrodisiac
Gloved hand balancing her frilled skirts above her feet,

Which glided ostentatiously in snakeskin shoes.
Hungover, jumpy, I drank it all in — her eyes
Of livid thunderstorm, her sumptuous rippling thighs
Beneath the black silk; glances of the killing Muse.

A lightning flash — then darkness. Fugitive beauty,
Whose look sparked off in me a sudden new existence,
Shall I never see you more but in eternity?

Into what whereabouts, from this dark street from whence
You went into the night, I'll never know, but you
Knew I could have loved you then, forever, through and through.

Duellum

Deux guerriers ont couru l'un sur l'autre; leurs armes
Ont éclaboussé l'air de lueurs et de sang.
Ces jeux, ces cliquetis du fer sont les vacarmes
D'une jeunesse en proie à l'amour vagissant.

Les glaives sont brisés! comme notre jeunesse,
Ma chère! Mais les dents, les ongles acérés,
Vengent bientôt l'épée et la dague traîtresse.
Ô fureur des cœurs mûrs par l'amour ulcérés!

Dans le ravin hanté des chats-pards et des onces
Nos héros, s'étreignant méchamment, ont roulé,
Et leur peau fleurira l'aridité des ronces.

— Ce gouffre, c'est l'enfer, de nos amis peuplé!
Roulons-y sans remords, amazone inhumaine,
Afin d'éterniser l'ardeur de notre haine!

Warriors

Two boys got stuck into each other, pushed and shoved
Their flick and shiv in bloody glimmers, fists on hafts
In blue-veined steel-struck sparks of adolescent love,
Like knights riding to joust with tumultuous shafts.

Then the blades get broken, like our youth, my dearie!
But sharpened fingernails and teeth are just as quick
As underhanded switch and poniard, and I'm weary
Of your nagging me with tales of love gone sick.

Chimeras and minotaurs abound within that black
Ravine, grappling, snarling, howling in a vast embrace,
Entangled in the brambly aphrodisiac.

It's peopled by our pals, this pit of hell! Let's race
Each other to it, hog and sow, to wallow there
In mutual hate forever, voyeur and poseur.

Causerie

Vous êtes un beau ciel d'automne, clair et rose!
Mais la tristesse en moi monte comme la mer,
Et laisse, en refluant, sur ma lèvre morose
Le souvenir cuisant de son limon amer.

— Ta main se glisse en vain sur mon sein qui se pâme;
Ce qu'elle cherche, amie, est un lieu saccagé
Par la griffe et la dent féroce de la femme.
Ne cherchez plus mon cœur; les bêtes l'ont mangé.

Mon cœur est un palais flétri par la cohue;
On s'y soûle, on s'y tue, on s'y prend aux cheveux!
— Un parfum nage autour de votre gorge nue!...

Ô Beauté, dur fléau des âmes, tu le veux!
Avec tes yeux de feu, brillants comme des fêtes,
Calcine ces lambeaux qu'ont épargnés les bêtes!

Talk to Me

You're like a gorgeous autumn sky as red as rosehips;
But gloom and doom swell in me like the tide, or time,
And as they slowly ebb, leave on my blue, bruised lips
An after-tang of bitten-into, bitter lime.

Your fingers slink in vain across my cataleptic
Breast; for what you seek is now a ransacked cockpit,
Torn asunder by the griffins of vampiric
Women. Seek not my heart; wild fangs have fed on it.

My palace has been devastated by the mob
Who gorged within it, tearing out each other's hair;
But now I feel your aromatic bare throat throb,

Stern Mistress Beauty, scourge of souls in disrepair,
I want your fiery eyes, bold holiday rovers,
To consume these bits of me, the beasts' leftovers!

Les Chats

Les amoureux fervents et les savants austères
Aiment également, dans leur mûre saison,
Les chats puissants et doux, orgueil de la maison,
Qui comme eux sont frileux et comme eux sédentaires.

Amis de la science et de la volupté,
Ils cherchent le silence et l'horreur des ténèbres;
L'Érèbe les eût pris pour ses coursiers funèbres,
S'ils pouvaient au servage incliner leur fierté.

Ils prennent en songeant les nobles attitudes
Des grands sphinx allongés au fond des solitudes,
Qui semblent s'endormir dans un rêve sans fin;

Leurs reins féconds sont pleins d'étincelles magiques,
Et des parcelles d'or, ainsi qu'un sable fin,
Étoilent vaguement leurs prunelles mystiques.

Cats

In their declining years these opposites unite —
Decrepit scholars, lovers who have grown fat —
In being partial to a soft, strong, household cat,
Which like them likes to doze before the fireside bright.

All cats incline to sensuality and wit,
Probing the horrible dark for silent nocturnes.
Old Scratch would have hired them as devilish interns,
But the proud cats' committee would have none of it.

Sleeping, they assume the lapidary attitudes
Of sphinxes sprawled in solitary latitudes,
Who look as if they're paralysed in endless dreams;

Their haunches often shiver with electric sex;
Galaxies of sand drift through their eyes in golden streams,
These feline gods before whom Pharaoh genuflects.

Spleen

Pluviôse, irrité contre la ville entière,
De son urne à grands flots verse un froid ténébreux
Aux pâles habitants du voisin cimetière
Et la mortalité sur les faubourgs brumeux.

Mon chat sur le carreau cherchant un litière
Agite sans repos son corps maigre et galeux;
L'âme d'un vieux poète erre dans la gouttière
Avec la triste voix d'un fantôme frileux.

Le bourdon se lamente, et la bûche enfumée
Accompagne en fausset la pendule enrhumée,
Cependant qu'en un jeu plein de sales parfums,

Héritage fatal d'une vieille hydropique,
Le beau valet de cœur et la dame de pique
Causent sinistrement de leurs amours défunts.

Rainy Liaisons

Here comes Mr Rainy Month again, to vent his spleen
Across the city, lashing elemental squalls
On mortals in the fog-enshrouded urban scene,
And pale denizens behind cemetery walls.

My cat prowls round like she was high on mescaline
In her electric mangey fur. She meows and wauls,
And outside, in the gutter of the could-have-been,
Some miserable poet's ghost complains and crawls.

Church bells dong on slowly through the thickening gloom:
A hissing log; the clock's asthmatic pendulum.
Meanwhile, in a used pack of dirty playing cards,

Discarded by some poxy whore, the Queen of Spades
And greasy Jack of Hearts discuss their defunct trades
Of love: rainy liaisons of the dark back yards.

PART THREE

MALLARMÉ

'Le vierge, le vivace et le bel aujourd'hui ...'

Le vierge, le vivace et le bel aujourd'hui
Va-t-il nous déchirer avec un coup d'aile ivre
Ce lac dur oublié que hante sous le givre
Le transparent glacier des vols qui n'ont pas fui!

Un cygne d'autrefois se souvient que c'est lui
Magnifique mais qui sans espoir se délivre
Pour n'avoir pas chanté la région où vivre
Quand du stérile hiver a resplendi l'ennui.

Tout son col secouera cette blanche agonie
Par l'espace infligée à l'oiseau qui le nie,
Mais non l'horreur du sol où le plumage est pris.

Fantôme qu'à ce lieu son pur éclat assigne,
Il s'immobilise au songe froid de mépris
Que vêt parmi l'exil inutile le Cygne.

At the Sign of the Swan

The beautiful today, untouched by human hand,
Swings towards us with a stagger of its drunken wing
To crash the frozen lake as cold as anything,
Ghosted by the glacial distances it never spanned!

A fabled swan the image of an ampersand
Is mute, for all his freed necessity to sing
His icy habitat of winter's fosterling,
Where dim suns yawned their tedium across the land.

His whole neck shudders off this agony of white
Impressed upon him by the spacey ambient light,
But not the Earth, where he's incapable of flight.

Beautiful ghost, condemned by his own brilliant line,
Engraved within a pond of icy crystallite,
He maintains the useless exile of a Swan, or sign.

Remémoration d'amis belges

À des heures et sans que tel souffle l'émeuve
Toute la vétusté presque couleur encens
Comme furtive d'elle et visible je sens
Que se dévêt pli selon pli la pierre veuve

Flotte ou semble par soi n'apporter une preuve
Sinon d'épandre pour baume antique le temps
Nous immémoriaux quelques-uns si contents
Sur la soudaineté de notre amitié neuve

Ô très chers rencontrés en le jamais banal
Bruges multipliant l'aube au défunt canal
Avec la promenade éparse de maint cygne

Quand solennellement cette cité m'apprit
Lesquels entre ses fils un autre vol désigne
À prompte irradier ainsi qu'aile l'esprit.

Recalling the Belgian Friends

From time to time, the incense-coloured, mildewed
Buildings almost seem to tremble, though there is no
Human breath to sway their wavery decrepitude,
As, laminate by laminate, the widowed stone

Divests itself, I feel they waft a blue étude
Of memory, of what is not entirely known,
Except our first acquaintance, when we understood
Each other there and then, and realised we were not alone:

O dear friends met in unpremeditated Bruges,
Which multiplies its stilled canals of subterfuge
At dawn with many squadrons of the random swan,

I hear your solemn city resonate its gong
Of wisdom in a passing wingbeat, whereupon
I think of you again, whose throngs I flew among.

Sonnet

(Pour votre chère morte, son ami.)
2 novembre 1877

— 'Sur les bois oubliés quand passe l'hiver sombre
Tu te plains, ô captif solitaire du seuil,
Que ce sépulcre à deux qui fera notre orgueil
Hélas! du manque seul des lourds bouquets s'encombre.

Sans écouter Minuit qui jeta son vain nombre,
Une veille t'exalte à ne pas fermer l'œil
Avant que dans les bras de l'ancien fauteuil
Le suprême tison n'ait éclairé mon Ombre.

Qui veut souvent avoir la Visite ne doit
Par trop de fleurs charger la pierre que mon doigt
Soulève avec l'ennui d'une force défunte.

Âme au si clair foyer tremblante de m'asseoir,
Pour revivre il suffit qu'à tes lèvres j'emprunte
Le souffle de mon nom murmuré tout un soir.'

Stations

When over the forgotten woods dark winter looms,
You grieve, O lonely captive of the threshold,
That this, our double sepulchre, our freehold,
Is burdened with a lack of funerary blooms.

Oblivious of Midnight's hollow gong-struck boom
A vigil tells you not to shut your eyes before
My Shadow is illuminated by Excelsior
Reposing in a fireside armchair gloom.

He who makes Novenas for a Visitation
Must not overload with floral declamation
Nor moss the upright stone with arbitrary fame:

Shivering before so bright a hearth, I do believe
That I will live so long as you have breathed my name
In constant litanies, throughout this winter's eve.

Le Sonneur

Cependant que la cloche éveille sa voix claire
À l'air pur et limpide et profond du matin
Et passe sur l'enfant qui jette pour lui plaire
Un angélus parmi la lavande et le thym,

Le sonneur effleuré par l'oiseau qu'il éclaire,
Chevauchant tristement en geignant du latin
Sur la pierre qui tend la corde séculaire,
N'entend descendre à lui qu'un tintement lointain.

Je suis cet homme. Hélas! de la nuit désireuse,
J'ai beau tirer le câble à sonner l'Idéal,
De froids péchés s'ébat un plumage féal,

Et la voix ne me vient que par bribes et creuse!
Mais, un jour, fatigué d'avoir en vain tiré,
Ô Satan, j'ôterai la pierre et me pendrai.

The Sonneteer

While the bell dings its bright pebbles of limpid sound
Into the stream of morning air, and skims the limbs
Of a small child who, wanting to chime in, propounds
An Angelus of lavender and thyme-blue hymns,

The lonely campanologist, within his bound
Of stony Latin, hears its bird-call interims
As muted, brittle tinkles on his turnaround
Of ancient rope he's trying to haul into him.

I am that man. Alas! Most nights I dangle on
An anxious tangled cable, while my entourage
Of sins flits round me in their gaudy camouflage,

And the bell croaks the last words of a wasted Don!
But one of these fine days, abandoning all hope,
I'll hang myself, O Satan, with the self-same rope.

'Ses purs ongles très haut . . .'

Ses purs ongles très haut dédiant leur onyx,
L'Angoisse, ce minuit, soutient, lampadophore,
Maint rêve vespéral brûlé par le Phénix
Que ne recueille pas de cinéraire amphore

Sur les crédences, au salon vide: nul ptyx,
Aboli bibelot d'inanité sonore,
(Car le Maître est allé puiser des pleurs au Styx
Avec ce seul objet dont le Néant s'honore).

Mais proche la croisée au nord vacante, un or
Agonise selon peut-être le décor
Des licornes ruant du feu contre une nixe,

Elle, défunte nue en le miroir, encor
Que, dans l'oubli fermé par le cadre, se fixe
De scintillations sitôt le septuor.

The Riddle of the Pyx

Madame L'Angoisse, offering on high her onyx
Fingernails, this midnight of flambeaux, intones
Decades of the evening dreams burned by the Phoenix
Never to be reaped beneath the funerary stones

Upon the consoles in the empty parlour: no pyx,
A conch in which the exiled sea is heard to moan
(Since the Master's gone to harvest teardrops in the Styx,
Where everything's alone within its Twilight Zone).

But the empty casement to the North is crossed with gold
As unicorns pour from the fire of things untold
Into the bosom of the nymph called Bellatrix,

Who's naked, left for dead within the mirror's cyclone
Although the constellation overhead has fixed
Its seven stars within that mercury of liquid stone.

Le Tombeau d'Edgar Poe

Tel qu'en Lui-même enfin l'éternité le change,
Le Poëte suscite avec un glaive nu
Son siècle épouvanté de n'avoir pas connu
Que la mort triomphait dans cette voix étrange!

Eux, comme un vil sursaut d'hydre oyant jadis l'ange
Donner un sens plus pur aux mots de la tribu
Proclamèrent très haut le sortilège bu
Dans le flot sans honneur de quelque noir mélange.

Du sol et de la nue hostiles, ô grief!
Si notre idée avec ne sculpte un bas-relief
Dont la tombe de Poe éblouissante s'orne,

Calme bloc ici-bas chu d'un désastre obscur,
Que ce granit du moins montre à jamais sa borne
Aux noirs vols du Blasphème épars dans le futur.

The Tomb of Edgar Poe

Having undergone His final metamorphosis,
The Poet with his sword unscabbarded commands
His generation to arise, who did not understand
Till now that Death had always been His major thesis.

And when the angel came to purify their lexis,
These earnest scribblers of the hydra-headed band
Proclaimed, in words of many complicated strands,
Solutions of a laudanum necropolis.

Remembering the hostile ground and cloud, O grief!
If these few lines cannot describe a bas-relief
To ornament the dazzling tomb of Edgar Poe,

This fallen meteor, then let its obelisk secure
Our gaze forever; let it be the overthrow
Of Blasphemy's dark flights scattered through the future.

Le Tombeau de Charles Baudelaire

Le temple enseveli divulgue par la bouche
Sépulcrale d'égout bavant boue et rubis
Abominablement quelque idole Anubis
Tout le museau flambé comme un aboi farouche

Ou que le gaz récent torde la mèche louche
Essuyeuse on le sait des opprobres subis
Il allume hagard un immortel pubis
Dont le vol selon le réverbère découche

Quel feuillage séché dans les cités sans soir
Votif pourra bénir comme elle se rasseoir
Contre le marbre vainement de Baudelaire

Au voile qui la ceint absente avec frissons
Celle son Ombre même un poison tutélaire
Toujours à respirer si nous en périssons.

The Tomb of Charles Baudelaire

Through the slimy open grating of a storm-drain
The entombed temple slobbers muck and rubies,
Abominable as the dog-god Anubis,
Whose muzzle blazes with a howl of savage pain.

It's like the new gas of an odorous campaign
Against the dark, illuminating our disease —
Immortal whore as old as Mephistopheles,
Who flits from lamp to lamp beside the foggy Seine.

What wreaths, in cities of no votive evenings,
Can offer benediction to us, as she flings
Herself in vain against a marble Baudelaire?

As trembling veils of light absent her from our gaze,
She has become his deadly-nightshade-poisoned air,
That we must breathe, although we perish in its maze.

Tombeau

Anniversaire — Janvier 1897

Le noir roc courroucé que la bise le roule
Ne s'arrêtera ni sous de pieuses mains
Tâtant sa ressemblance avec les maux humains
Comme pour en bénir quelque funeste moule.

Ici presque toujours si le ramier roucoule
Cet immatériel deuil opprime de maints
Nubiles plis l'astre mûri des lendemains
Dont un scintillement argentera la foule.

Qui cherche, parcourant le solitaire bond
Tantôt extérieur de notre vagabond —
Verlaine? Il est caché parmi l'herbe, Verlaine

À ne surprendre que naïvement d'accord
La lèvre sans y boire ou tarir son haleine
Un peu profond ruisseau calomnié la mort.

The Tomb of Paul Verlaine

The black rock blown angry by the hurricane
Will never stop, nor be contained by praying hands
Which want to mould it to funereal commands,
Searching for resemblances within this quatrain.

Here, more often than not, when coo-coo goes the dove,
The black pall, impalpable with folds of sorrow,
Darkens the bright star of ripening tomorrow
Which shoots across and silvers the crowd from above.

Who looks for him or follows his Nijinsky bound
Across the stage, this vagabond of turnaround —
Verlaine? He is hidden among the grass, Verlaine

Surprisingly agreeable, not drawing breath
From it, nor drinking from its lip of transmundane,
This shallow stream oft spoken ill of that is death.

'Mes bouquins refermés...'

Mes bouquins refermés sur le nom de Paphos,
Il m'amuse d'élire avec le seul génie
Une ruine, par mille écumes bénie
Sous l'hyacinthe, au loin, de ses jours triomphaux.

Coure le froid avec ses silences de faux,
Je n'y hululerai pas de vide nénie
Si ce très blanc ébat au ras du sol dénie
À tout site l'honneur du paysage faux.

Ma faim qui d'aucuns fruits ici ne se régale
Trouve en leur docte manque une saveur égale:
Qu'un éclate de chair humain et parfumant!

Le pied sur quelque guivre où notre amour tisonne,
Je pense plus longtemps peut-être éperdument
À l'autre, au sein brûlé d'une antique amazone.

Aphrodite's Ghost

As the name of Paphos vanishes within a maze
Of books, I see its ruined temples with my inward eye,
Flown high above the sea-foam of antiquity,
Beneath the triumph of its hyacinthine days.

Let winter silence with its scythe of lunar phase
This edifice of recreated memory,
I'll not complain, nor mourn the white duplicity
Which blurs the razor edges of my metaphrase.

No fruit can satisfy this hunger of the soul,
Which finds an equal savour in its empty bowl,
Unless it burst with odorously human flesh!

My foot weighs upon some serpent branding-iron
Red-hot with our former love; but then I feel afresh
The absent, cauterized breast of an Amazon.

PART FOUR

BAUDELAIRE

Correspondances

La Nature est un temple où de vivants piliers
Laissent parfois sortir de confuses paroles:
L'homme y passe à travers des forêts de symboles
Qui l'observent avec des regards familiers.

Comme de longs échos qui de loin se confondent
Dans une ténébreuse et profonde unité,
Vaste comme la nuit et comme la clarté,
Les parfums, les couleurs et les sons se répondent.

Il est des parfums frais comme des chairs d'enfants,
Doux comme les hautbois, verts comme les prairies,
— Et d'autres, corrompus, riches et triomphants,

Ayant l'expansion des choses infinies,
Comme l'ambre, le musc, le benjoin et l'encens,
Qui chantent les transports de l'esprit et des sens.

Coexistences

Nature is a temple, in which vibrant columns
Sometimes utter green, confused auxiliaries of leaf
And verb; Man stumbles through the Forest of Belief,
Which watches him with pupils of its hidden sanctums.

Like blue extended husky echoes from away
Far off, which cloud together in the inner or
The outer space of constellations in a mirror,
Shimmery perfumes, colours, sounds, all shift and sway.

There are communiqués of scent which bloom like oboe
Music on the skin of babies, or the verdant
Noise of meadows; others, like a smoky flambeau,

Light the vast expansiveness of things awry and slant,
Which drift together in an amber incense musk,
And chant their holy slogans in the ambient dusk.

Le Possédé

Le soleil s'est couvert d'un crêpe. Comme lui,
Ô Lune de ma vie! emmitoufle-toi d'ombre;
Dors ou fume à ton gré; sois muette, sois sombre,
Et plonge tout entière au gouffre de l'Ennui;

Je t'aime ainsi! Pourtant, si tu veux aujourd'hui,
Comme un astre éclipsé qui sort de la pénombre,
Te pavaner aux lieux que la Folie encombre,
C'est bien! Charmant poignard, jaillis de ton étui!

Allume ta prunelle à la flamme des lustres!
Allume le désir dans les regards des rustres!
Tout de toi m'est plaisir, morbide ou pétulant;

Sois ce que tu voudras, nuit noire, rouge aurore;
Il n'est pas une fibre en tout mon corps tremblant
Qui ne crie: Ô *mon cher Belzébuth, je t'adore!*

Just Crazy About You

The sun has drawn on his shroud of crape. Like him,
O moonlight of my life, you disappear for days
Within a fog of smoke and booze. Let me re-phrase:
You often wallow in the Pit of Tedium.

I love you when you're like that, in your dusky interim;
But if today you want to catwalk through the blaze
Of incandescent, sinful Paris, to amaze
The raddled multitude, then let that be your whim.

Paralyse them with the full beam of your eyes
Like headlamps; blind them with lust, just for the exercise.
For I love everything about you, glad or sad;

So be what you are, at home, or in the nightclub;
There's no bit of me that you haven't driven mad,
That doesn't shout, 'I worship you, Beelzebub!'

La Géante

Du temps que la Nature en sa verve puissante
Concevait chaque jour des enfants monstrueux,
J'eusse aimé vivre auprès d'une jeune géante,
Comme aux pieds d'une reine un chat voluptueux.

J'eusse aimé voir son corps fleurir avec son âme
Et grandir librement dans ses terribles jeux;
Deviner si son cœur couve une sombre flamme
Aux humides brouillards qui nagent dans ses yeux;

Parcourir à loisir ses magnifiques formes;
Ramper sur le versant de ses genoux énormes,
Et parfois en été, quand les soleils malsains,

Lasse, la font s'étendre à travers la campagne,
Dormir nonchalamment à l'ombre de ses seins,
Comme un hameau paisible au pied d'une montagne.

The Maid of Brobdingnag

Long ago, when Nature, zanily extravagant,
Engendered monster bouncing babies every day,
I would have been inclined to live beside a giant
Girl, to be the loyal cat that sniffs her negligée.

I would have loved to watch her body flourishing
In tandem with her soul, developing her play
Of Juno games, to ponder on her nourishing
Some flame within her eyes of dark communiqué.

I would love to be a leisurely explorer
Of her Mount Parnassus, all the foothills of her,
When she sprawls herself on heat-dazed summer meadows;

And I could chill out in the shadow of her lapsed
Titanic body in these regions where I doze,
A hamlet overlooked by snowy Alpine paps.

Parfum exotique

Quand, les deux yeux fermés, en un soir chaud d'automne,
Je respire l'odeur de ton sein chaleureux,
Je vois se dérouler des rivages heureux
Qu'éblouissent les feux d'un soleil monotone;

Une île paresseuse où la nature donne
Des arbres singuliers et des fruits savoureux;
Des hommes dont le corps est mince et vigoureux,
Et des femmes dont l'œil par sa franchise étonne.

Guidé par ton odeur vers de charmants climats,
Je vois un port rempli de voiles et de mâts
Encor tout fatigués par la vague marine,

Pendant que le parfum des verts tamariniers,
Qui circule dans l'air et m'enfle la narine,
Se mêle dans mon âme au chant des mariniers.

Blue Grass

When, with my eyes closed, on a sultry autumn night,
I breathe the musk of your warm breast, I visualize
The dazzling shores of overseas, whose all-blue skies
Glow with a monotone of single-minded light:

A lazy isle, where Nature blazes her delight
Of nectarines and paw-paws, where the women's eyes
Amaze you with their mesmerizing franchise,
And the muscles of the men are vigorous and tight.

I drowse, and sniff your spoor to this exotic clime
Wherein I see a port that swarms with maritime
Activities of ropes, tar, bollards, gangways, sails,

While the scent of green tamarind wafts through the air
And up my nostrils, nearly palpable as Braille;
And I can hear the chant of sailors everywhere.

L'Ennemi

Ma jeunesse ne fut qu'un ténébreux orage,
Traversé, çà et là par de brillants soleils;
Le tonnerre et la pluie ont fait un tel ravage,
Qu'il reste en mon jardin bien peu de fruits vermeils.

Voilà que j'ai touché l'automne des idées,
Et qu'il faut employer la pelle et les râteaux
Pour rassembler à neuf les terres inondées,
Où l'eau creuse des trous grands comme des tombeaux.

Et qui sait si les fleurs nouvelles que je rêve
Trouveront dans ce sol lavé comme une grève
Le mystique aliment qui ferait leur vigueur?

— Ô douleur! ô douleur! Le Temps mange la vie,
Et l'obscur Ennemi qui nous ronge le cœur
Du sang que nous perdons croît et se fortifie!

The Enemy

My youth was overshadowed by oppressive storms,
Lit intermittently by dazzling sunny swathes;
Downpour and thunder did so encourage the worms,
That no fruit in my garden has survived unscathed.

See me now, as I approach the autumn of the soul,
Deploying spades and rakes about the inundated land
To try and salvage something from the grave-black holes
That rain has delved down into it like hourglass sand.

And who knows if the flowers I dream anew will find
The elixir to let them grow and speak their mind
In this soil washed as thoroughly as any shore?

All is Sorrow, Doom and Gloom: Time gnaws at our lives
Insidiously; it grows within us like a spore,
And in our wasted mushroom consciences, it thrives.

La Vie antérieure

J'ai longtemps habité sous de vastes portiques
Que les soleils marins teignaient de mille feux,
Et que leurs grands piliers, droits et majestueux,
Rendaient pareils, le soir, aux grottes basaltiques.

Les houles, en roulant les images des cieux,
Mêlaient d'une façon solennelle et mystique
Les tout-puissants accords de leur riche musique
Aux couleurs du couchant reflété par mes yeux.

C'est là que j'ai vécu dans les voluptés calmes,
Au milieu de l'azur, des vagues, des splendeurs
Et des esclaves nus, tout imprégnés d'odeurs,

Qui me refraîchissaient le front avec des palmes,
Et dont l'unique soin était d'approfondir
Le secret douloureux qui me faisait languir.

I Had a Life

I lived for centuries beneath vast porticos
Illuminated by a thousand oceanic
Suns; at evening, steep columns of volcanic
Rock maintained a Fingal's Cave of glowering repose.

Tidal surges dimmed and swelled their dialectic
Of the skies above in powerful chords of rose
And hyacinth, while cascades of organic music
Interwove their harmonies of mellow yellows.

I dwelt there for an age of calm voluptuousness
In azure splendour, waited-on by naked slaves,
Whose perfumes wafted over me in brackish waves,

Whose cool palms soothed my burning forehead, saying, 'Yes,
Our only care is to appreciate your fear,
The poet's secret grief which makes you languish here.'

La Cloche fêlée

Il est amer et doux, pendant les nuits d'hiver,
D'écouter, près du feu qui palpite et qui fume,
Les souvenirs lointains lentement s'élever
Au bruit des carillons qui chantent dans la brume.

Bienheureuse la cloche aù gosier vigoureux
Qui, malgré sa vieillesse, alerte et bien portante,
Jette fidèlement son cri religieux,
Ainsi qu'un vieux soldat qui veille sous la tente!

Moi, mon âme est fêlée, et lorsqu'en ses ennuis
Elle veut de ses chants peupler l'air froid des nuits,
Il arrive souvent que sa voix affaiblie

Semble le râle épais d'un blessé qu'on oublie
Au bord d'un lac de sang, sous un grand tas de morts,
Et qui meurt, sans bouger, dans d'immenses efforts.

The Dongless Bell

On these long winter nights, it's bitter-sweet to sit
Beside the fire, and listen to it buzz and rhyme
With slowly-palpitating memories, which flit
Among the gongy noise of fog-bound midnight chimes.

Happy is the bell with a big, bronze sounding-bow,
Which, through the centuries, maintains its full aplomb
Of voice to broadcast to the faithful down below,
A veteran on watch before a regal tomb!

But as for me, I'm all shook up, my soul is flawed
With stress I can't articulate; I feel a fraud.
The wonky pitch of me sounds out an SOS,

Choked in the throat like the last gasp of a legless
God-abandoned conscript trapped beneath a heap of dead,
Who tries to speak, and leaves his final words unsaid.

La Beauté

Je suis belle, ô mortels! comme un rêve de pierre,
Et mon sein, où chacun s'est meurtri tour à tour,
Est fait pour inspirer au poète un amour
Éternel et muet ainsi que la matière.

Je trône dans l'azur comme un sphinx incompris;
J'unis un cœur de neige à la blancheur des cygnes;
Je hais le mouvement qui déplace les lignes,
Et jamais je ne pleure et jamais je ne ris.

Les poètes, devant mes grandes attitudes,
Que j'ai l'air d'emprunter aux plus fiers monuments,
Consumeront leurs jours en d'austères études;

Car j'ai, pour fasciner ces dociles amants,
De purs miroirs qui font toutes choses plus belles:
Mes yeux, mes larges yeux aux clartés éternelles!

Beauty

I am beautiful, O mortals, as a marble dream
Designed to terrify you with the silence
Of the stars, and everything within their ambience.
And you have bruised yourselves on me; such is your theme.

I am couched in the blue like an unblinking Sphinx
Who unifies a snowy heart with whiteness of the swan.
And nothing will disturb my alexandrine plan;
I do not weep, nor smile. So everybody thinks.

Poets sprawl before my monumental attitude
Like men inspired by statues of the former wars,
Who spend their nights in studying beatitude;

For, to fascinate them, I have giant mirrors
Which illuminate and magnify everything.
So stare into my vast eternal eyes, and sing.

Note

The editions on which these versions are based are: *Baudelaire: The Complete Verse*, edited, introduced and translated by Francis Scarfe, Anvil Press Poetry, London 1986; *Arthur Rimbaud: Collected Poems*, introduced and edited by Oliver Bernard, with plain prose translations of each poem, Penguin Books, London 1982; and *Mallarmé*, edited with an introduction and prose translations by Anthony Hartley, Penguin Books, London 1965.